AF248251

LE DÉNOUEMENT

L'Empire ou la Commune !....

PAR

PAUL DUARVEL

BORDEAUX

1872

LE DÉNOUEMENT

Les dernières élections ont enfin ouvert les yeux aux conservateurs, qui ont applaudi à la révolution lâche et infâme du 4 Septembre et au vote de déchéance.

Nous saurons avant peu, jusqu'où va leur repentir, car l'heure du dénouement est proche !. . . . .

. . . .

Ce qui paraît démontré, aujourd'hui, à la partie honnête du pays, c'est que M. Thiers n'offre plus aucune garantie pour l'avenir de la France. C'est que, — en dehors des appréhensions que son âge fait naître, — son attitude auprès de la bande radicale est un péril social.

M. Thiers, après avoir fait quelque bien à son pays, ne peut être autorisé à le livrer, pieds et poings liés, aux bandits de 93 et de la Commune.

. .

Oh! M. Thiers est un homme habile, disent les amis du « provisoire, » et il joue son jeu!...

Il ne faut pas jouer avec le pétrole, dirons-nous; et, si M. Thiers est habile, quel est donc le caractère de son habileté?.....

Un célèbre publiscite, Henri Fonfrède, va nous le dire :

» M. Thiers est un esprit très-sagace dans la perception
» des détails politiques, mais sans vue générale, sans ana-
» lyse philosophique, sans puissance de conception organi-
» que et complète de quoi que ce soit. Il se jette sur un côté
» saillant du sujet qu'il examine, s'en laisse prédominer, le
» développe avec ardeur et talent et perd de vue tout le
» reste.

. .

» *Aussi, ce n'est qu'un homme* ACCIDENTELLEMENT GOU-
» VERNEMENTAL ; *mais sa nature intime venant à dominer*
» *dans les moments critiques, il détruit en un clin-d'œil le*
» *bien auquel il avait participé sans le comprendre.* »

. .

M. Thiers aime la liberté, dit-on encore ; il a com
battu, sous l'Empire, pour les libertés nécessaires
s'écrient les républicains modérés ; et les radicau
ajoutent..... de jolies choses qui signifient que Thier
est Dieu, et Gambetta, son prophète.....

« M. Thiers n'aime sincèrement ni la liberté de la Presse
» ni la liberté de la Tribune. Quand il est au pouvoir, le
» discussions de la Presse et de la Tribune le troublent e
» l'irritent, au point d'affaiblir parfois les ressources de so
» esprit ; il ne se passionne pour ces deux libertés que lor:
» qu'il dirige l'opposition, que lorsqu'il mène à des com
» bats de scrutin une minorité qu'il dupe après l'avo
» égarée.

» L'orgueil de M. Thiers blesse tout le monde, tant
» s'affiche d'une façon quelquefois puérile et montre de d
» dain pour autrui... M. Thiers, selon ses propres parole
» appelait et voulait autour de lui, non des collègues, ma
» des commis ; on était toujours à ses yeux, assez capab
» et assez habile, lorsqu'on se montrait assez souple et a
» sez soumis.

« L'esprit révolutionnaire, dit M. Thiers, se compose c
» passion pour le but et de haine pour ceux qui font ob
» tacle. »

« Paroles cyniques qui résument toute sa vie d'écrivain
» et d'homme d'État! (1) »

* *

Ces appréciations, qui datent de vingt ans et plus, ne
sont-elles pas applicables à ce qui se passe sous nos
yeux, et l'homme n'est-il pas toujours le même? . . . .

. . . .

* *

Oui, la situation est très grave et la division des es-
prits à Versailles n'est rien à côté de l'exaltation qui
règne dans le pays.

Depuis que les mensonges de M. D'Audiffret, contre
l'Empire, ont été affichés sur les murs de toutes les
communes de France, de par la volonté de l'Assemblée
nationale, l'audace du parti démagogique a augmenté.

. . . .

* *

Les « conservateurs » de la droite, aveuglés par leur
haine contre l'Empire, ont souffert les familiarités et les

(1) Mémoires d'un Bourgeois de Paris, vol. 4. p. 221 et 222.

impertinences d'un Gambetta! — parce qu'il injuriait M. Rouher.

⁂

Un groupe de bonapartistes girondins, —comprenant quelle portée considérable aurait, pour l'avenir de la France, cette attaque désespérée contre le gouvernement impérial, —adressait, le 25 mai dernier, à l'éloquent et autorisé défenseur de l'Empire, la lettre suivante :

A MONSIEUR E. ROUHER,

DÉPUTÉ A L'ASSEMBLÉE NATIONALE.

» Monsieur le Député,

» Vos discours des 21 et 22 mai ont eu dans le pays un retentissement considérable. Toutes les consciences honnêtes en ont été frappées et éclairées.

» Aussi modérée que celle de vos adversaires était insultante, diffamatoire et indigne, votre parole a jeté une vive lumière sur les agissements des « irréconciliables de l'Empire, » qui sont aujourd'hui les irréconciliables de la France.

» L'esprit de parti qui les animait, lors du vote de déchéance à Bordeaux, s'est une fois de plus affirmé violemment.

» De nouveau, ils ont montré, en applaudissant aux ca-

lomnies de M. d'Audiffret et aux vociférations de M. Gam-
cetta, combien ils craignent et haïssent l'Empire ; l'Empire qui les a sauvés en 1852, et qui est encore le seul re-
fuge de la Société française !...

» Les interruptions grossières et lâchement provoca-
trices de la gauche et le silence prémédité de la droite
n'ont pu entamer votre calme.

» Vous aviez résolu de mépriser les attaques passionnées;
vous aviez promis de renverser froidement, méthodique-
ment, en homme d'État, l'échaffaudage de mensonges
élevé contre l'Empire : vous l'avez fait.

» Sur les sept cents adversaires qui vous écoutaient, combien auraient su garder cette dignité, cette modération de
langage?

» D'un mot, d'un geste, vous auriez pu, —profitant d'une in-
terruption, --flétrir, stigmatiser les hommes du 4 Septembre,
les véritables traîtres à la patrie ; ceux qui ont été, par leurs
paroles et par leurs actes, les auxiliaires des Prussiens et
les aînés de la Commune !...

» Vous auriez pu les montrer cherchant à ensevelir l'Empire sous l'opprobre et l'infamie dont ils se sont couverts en
spéculant sur les malheurs du pays ; — malheurs qu'ils
avaient préparés en égarant les travailleurs des villes et en
démoralisant l'armée ; en entravant le gouvernement impérial dans ses réformes militaires et en prêchant le désar-
mement de la France, pendant que la Prusse complotait
notre perte et décorait quelques-uns d'entr'eux.

» Cette flétrissure, vous ne pouvez tarder de la leur in-
fliger, car la vérité se fait éclatante sur le 4 Septembre, et
la conscience publique réclamera bientôt, énergiquement,
le châtiment de ce crime !

» L'Empire, — ayant pour lui le droit, — aura, de par le
peuple, la mission de juger et de frapper sans pitié les cou-
pables, les traitres et les imposteurs !...

» Les ennemis coalisés de l'Empire et du Peuple peuvent
vouloir s'y opposer, il faudra, malgré tout, consulter la Nation.

» Sans la volonté nationale, directement consultée, il
n'est pas de gouvernement légitime et durable ; et, Dieu
sait ! si nous avons besoin d'un gouvernement fort et popu-
laire pour relever la France, et préparer la revanche !...

» Avant d'occuper une dictature aussi productive pour lui
et les siens que sinistrement grotesque pour la France, M.
Gambetta disait au Corps-Législatif :

« Si vous voulez *toute mon opinion, nous ne sommes pas
» compétents pour nous prononcer ; le peuple seul est compé-
» tent*, et j'ai sur le plébiscite un langage analogue, — oh !
» mais rien que le langage, — à celui de M. le baron Jérôme
» David. *Je crois que le plébiscite est une sanction désormais
» nécessaire dans les sociétés qui reposent sur le droit démo-
» cratique, pour donner au pouvoir*, QU'IL SOIT ISSU DE LA
» RÉVOLUTION, OU ISSU D'UNE ACCEPTATION, D'UNE ADHÉSION
» SOLENNELLE, *la consécration* que les anciennes monarchies

» trouvaient dans le droit divin. Je dis que la philosophie
» politique exige que l'on considère *le peuple comme la source*
» *inépuisable, sans cesse renouvelée du pouvoir et du droit.* »

» N'est-ce pas, monsieur le député, que ces paroles sont la
condamnation de cet homme et de ses complices?...

» Quant à la République « provisoire » qui nous est imposée,
elle a du moins un mérite, c'est de donner le temps aux ca-
lomnies de tomber; au peuple, de s'éclairer sur les véritables
auteurs de nos désastres et d'être, pour ainsi dire, quoique
bien indigne vraiment, l'antichambre de la Restauration
Impérialiste. . . . .

. . . .

» Certains qu'entre vos mains, notre drapeau doit aller à la
victoire, nous attendons, avec confiance, le signal du grand
combat pour la revendication des droits du peuple. »

Bordeaux, 25 mai 1872.

** * **

La victoire du parti bonapartiste sera le triomphe du
droit et de la justice... sur l'usurpation et les crimes des
hommes de Septembre; le triomphe du peuple honnête, travailleur, économe, vivant en famille, sur le
peuple méprisable qui ne connaît d'autre travail que
l'émeute, les réquisitions, les assassinats et les incen-

dies, et d'autre famille que les *réunions* et les *femmes*, aussi *publiques* celles-ci que celles-là ! . . . .

. . . .

La majorité conservatrice de l'Assemblée doit regretter, aujourd'hui, ses accointances avec les républicains, et les dédains et les injures qu'elle a prodigués au parti bonapartiste.

Grâce à son aveuglement, elle voit éclater, plus violente que jamais, la puissance du parti radical, et — remède à côté du mal, — elle peut constater le réveil incontestable des idées impérialistes.

Dans les élections qui viennent d'avoir lieu, partout où un bonapartiste s'est présenté, s'il n'a pas toujours triomphé des républicains radicaux, il a toujours obtenu la majorité sur les républicains modérés et sur les royalistes.

Aussi la question gouvernementale n'est-elle plus posée, en ce moment, qu'entre l'Empire et la République de « Rabagas. »

Entre un gouvernement, qui a donné vingt ans d'ordre, de prospérité et de gloire à la France, et un gouvernement de *caboulots* prêt à ouvrir une ère nouvelle de pétrole, d'assassinats et de vols!...

.˙.

Les légitimistes et les orléanistes, — ces derniers surtout,— peuvent haïr l'Empereur encore plus que l'Empire, ils songeront bientôt qu'ils ont une famille et des propriétés!...

.˙.

De même qu'un républicain, — peu partisan de la gendarmerie, — poursuivi par une bande de voleurs, verrait avec plaisir apparaître les gendarmes et implorerait leur secours; de même ils iront, éperdus, se jeter dans les bras de Celui que « les sinistres gredins de la radicaille,» appellent le « sergent-de-ville de Cambden-place! »

.˙.

Et, il n'y en a pas pour longtemps!...

Combien demandent déjà : Quand donc l'Empereur va-t-il revenir?. . . . .

. . . .

.'.

L'irritation va s'accroître entre la majorité de l'Assemblée et M. Thiers; la haine, entre la bande à Rabagas et l'armée.

De là surgiront des *chocs malheureux*, et pour M. le Président de la République, et pour l'Assemblée, et pour... les aimables partisans de « l'essai loyal. »

Une crise terrible et « définitive » éclatera alors emportant le « provisoire. »

Les communards relèveront tout-à-fait la tête et l'armée préparera son sabre.

.'.

De M. Thiers, de l'Assemblée ou des gens à Rabagas qui aura le dernier mot?. . . . .

. . . .

.'.

Le dernier mot sera au peuple!...

Réuni dans ses comices électoraux par M. Thiers, par l'Assemblée... ou par un autre, il fera connaître sa volonté.

Et, nous nous inclinerons tous.....

*
* *

Nommé par le peuple, acclamé à plusieurs reprises, renversé par la plus lâche des trahisons, l'Empire deviendra de nouveau le gouvernement de la France.

Chargé, comme en 1852, de rétablir l'Ordre et le Travail national, il débarrassera la France de la vermine démagogique et prussienne.

Il disciplinera la Nation, comme l'Armée ; préparera et ASSURERA la revanche !...................

*
* *

Pourquoi avons-nous le pressentiment que ces graves événements auront lieu avant le mois de mars 1873?

Nous ne savons..., mais nous sommes convaincu que l'Empereur ne reviendra... à Paris que par l'Appel au peuple....

Et alors..., silence aux avocats !...

PAUL DUARVEL.

Bordeaux, 10 juin 1872.

Imp. E. BISSEI, rue Verteuil, 1.